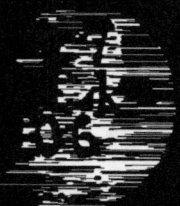

L K 7 106

HISTOIRE
CIVILE, ECCLÉSIASTIQUE
ET LITTÉRAIRE
DE LA VILLE ET DU DOYENNÉ
D'ENCRE,
AUJOURD'HUI ALBERT.

Par M. l'Abbé DAIRE, de l'Académie de Rouen.

Prix 12 fols broché.

A AMIENS,

Chez J. B. CARON l'aîné, Libraire-Imprimeur du Roi.

ET SE TROUVE

à Paris, chez ONFROY, Libraire, Quai des Auguftins.

à Arras, chez TOPINO, Libraire.

M. DCC. LXXXIV.

Avec Approbation & Privilége du Roi.

On trouve chez les mêmes Libraires,
l'Histoire Littéraire de la Ville d'Amiens;

L'Histoire des Doyennés de Mondidier
& de Doullens. Celle du Doyenné de
Grandviller est sous Presse.

AVERTISSEMENT.

Tous les Cantons d'un Diocese aussi étendu que celui d'Amiens, ne fournissent pas toujours à l'Historien des traits frappans, ni des particularités également intéressantes. Ce que renferme cette partie, n'en est pas moins utile à tous les Habitans du Doyenné. L'homme éclairé sait au moins l'Histoire du Royaume, & ceux qui le sont le moins, devroient-ils ignorer la portion de terre où ils sont nés & celle qu'ils cultivent. On ne seroit point entré dans une carriere aussi pénible, aussi longue, si l'on ne s'étoit cru dans l'obligation de le faire. Il n'est

AVERTISSEMENT.

aucun sujet qui n'ait des devoirs à remplir à l'égard de sa Patrie : il faut faire pour elle tout ce qu'elle mérite , en ne faisant cependant que ce qu'elle veut que l'on fasse.

HISTOIRE

HISTOIRE
CIVILE, ECCLÉSIASTIQUE
ET LITTÉRAIRE
DE LA VILLE ET DU DOYENNÉ
D'ENCRE,
AUJOURD'HUI ALBERT,

CHAPITRE PREMIER.

De la Ville d'Encre.

LEs titres les plus anciens la nomment *Ecrembatis*, ceux de 1558, *Incra*, & les postérieurs, *Encra*, *Ancora*. Elle est située au cent cinquantieme degré, quinze minutes de longitude, & au quarante-neuvieme dégré, cinquante-neuf minutes de latitude, sur la riviere de son nom, trente-un nord-quart-nord-est de Paris, à sept lieues est-nord-est d'Amiens, cinq de Péronne, huit sud-ouest d'Arras, & trente-cinq nord-quart-nord-est de Paris. Ce lieu, avant l'an 860, appartenoit à l'Abbaye de Saint Ricquier (*Miracula Sancti Richarii*). L'Abbé *Ingelart* le vendit au Roi Hugues Capet, qui y fit construire un Château (*Spicilegium*, t. 2 , p. 327 & 343). D'autres prétendent que ce fût Hugues Ier, Comte de Ponthieu, qui obtint la permission de murer & fortifier cet endroit dès qu'il en devint possesseur par son mariage avec la fille de ce Monarque. *Elfiede* en étoit Seigneur en 1016. Il porta, ainsi que ses Successeurs, le titre de premier avoué de l'Abbaye de Corbie, qu'il vexa beaucoup, ainsi que ses Vassaux, mais il renonça par accord à ses prétentions (*Ducange, Manus.*). L'an 1018, le Roi Robert, après avoir réprimé ses excès, lui défendit de faire payer à l'Abbaye les frais de ses voyages pour les expéditions royales, à moins qu'il ne marchât avec l'Abbé. *Gautier* ou Vautier, lui succédoit en 1041. Dans une Charte de 1056, émanée du Comte de

Flandres, il est dit que le Seigneur d'Encre étoit sujet à la Justice de ladite Abbaye, où il pouvoit être jugé par ses onze Pairs, vraisemblablement à cause de l'Avouerie, consistant dans des Domaines à Villers sous Corbie, Sailly-le-Sec, Canteleu & Warloy (*Cartul. d'Encre*). *Enguerran* jouissoit de la Seigneurie l'an 1100. *Baudouin*, Comte de Flandres, ayant repris la Châtellenie sur *Huges-Camp-d'Avesnes* qui s'en étoit emparé, la donna, l'an 1115, à *Charles de Dannemarck*, fils du Roi Canut, son cousin-germain, surnommé *de Anchorâ* (*Orderic Vital.*). Ce Prince étant Comte de Flandres, s'arrangea avec Hugues, & lui rendit ses possessions. *Baudouin VII*, Consul de France, paroît comme Seigneur en 1118 (*Ducange, Recueil, C.*). Raoul, Comte d'Amiens prend le même titre en 1150. La Maison de Nesle le remplaça, comme le prouve la signature de *Nicolas de Mailly*, apposée à la Charte de priviléges de ce lieu, l'an 1158 (*Anselme.*). Après lui Hugues-Camp-d'Avesnes s'en disoit Seigneur en 1198. Deux ans après le Roi fit cesser les vexations qu'il exerçoit envers l'Abbaye de Corbie (*Collect. de Martene & Durand.*). Il donna pour ré-compenſe, avec l'attache de Philippe-Auguſte, à un de ſes ſerviteurs, nom-mé Pierre de Betyſy, 20 liv. Pariſis en fief & hommage ſur le travers, l'an 1202. Au mois de Juin 1239, Baudouin-Camp-d'Aveſnes vendit au Comte de S. Pol ce qu'il poſſédoit dans la Châtellenie d'Encre (*Ducange, R. A.*). *Martin Rouſſel* porte le nom de Chevalier d'Encre en 1241. *Hugues de Chatillon*, Comte de S. Pol, jouiſ-ſoit de la terre l'an 1287, & ſept ans après il abandonna à l'Abbaye les Do-maines de l'Avouerie, à l'exception de Warloy. *Jean de Chatillon* lui ſuc-cédoit l'an 1329; *Jacques de S. Pol,* ſon frere, en 1340. *Guy,* l'an 1351; Mathilde, en 1354. *Euſtache,* époux de Marie de Picquigny, fille d'Enguerran, dont l'époque paroît antérieure. *Raoul de Couci*, Evêque de Metz, ſigne comme Seigneur en 1384. *Jean de Har-court,* en 1411. *Raoul*, Evêque de Noyon, en 1424. *Blanche de Coucy*, Dame du lieu, le donna, en 1439, à Guy de Neſle, Seigneur d'Offemont, marié à Jeanne de Saluces. Par l'érec-

tion de la Baronnie en Marquifât, au
au mois de Juin 1576, en faveur de
Jacques d'Humieres, l'Avouerie a été
échangée avec le Roi, & la terre
éclipfée de la Comté de Corbie, &
mife dans la mouvance du Roi, à
caufe du Château de Péronne, par
relief de 10 liv. Parifis. *Concino Concini*, Maréchal de France, l'acheta
330000 liv. le 16 Septembre 1610;
& dès qu'il eût été immolé à l'exécration de la nation Françoife, en
1617, elle fut confifquée & donnée,
en 1620, à Charles d'Albert, Duc de
Luynes, fous le titre de Marquifât
d'Albert. Le Comte de Touloufe l'acquit des héritiers en 1695, & le Duc
de Penthievre la poffede aujourd'hui.

Le Cartulaire rappelle fimplement
les noms des poffeffeurs de cette terre
dans les temps les plus reculés ; tels
font Aubert Loherens, Wenemar, Ingerran, Taillefer, Hugues & Anfel.

En qualité d'homme Lige de l'Abbaye de Corbie, l'héritier de la terre
devoit 10 liv. de relief, & fon manteau au Chambellan. Il faifoit ferment
de fidélité à l'Abbé, qui l'inveftiffoit
du fief par l'anneau d'or, & à l'Ar-

mée , il devoit le service à cheval
(*Cart. de Corbie.*). La Prévôté doit
60 sols de relief.

Albert est aujourd'hui une petite
Ville bâtie sur la pente d'une montagne , & entourée de murs & de fos-
sés. Elle a quatre Portes & autant de
Fauxbourgs. La riviere qui prend sa
source à Miraumont, se divise en deux
bras , dont l'un passe au milieu de la
Ville , & l'autre arrose en dehors une
partie des murs. Les bras réunis au
bout de la place , se précipitent du
haut d'un roc qui s'éleve à quatre-
vingt pieds , & forment une cascade
charmante. La riviere se répand en-
suite dans une prairie riante , féconde
en foins excellens , & à trois lieues &
demi au-dessous, elle se perd dans la
somme. L'immense & magnifique carriere de pétrifications, découverte en
1752 , a occupé les Physiciens , &
attire encore les Amateurs de l'Histoire naturelle.

L'érection de la commune, date de
l'an 1158. L'objet de cette Charte
donnée de l'agrément des Clercs &
des Laïcs , fut l'honneur de Dieu &
la défense de l'Eglise ; les Statuts sont

au nombre de trente-trois. Dans le troisieme, il est défendu aux Seigneurs de faire violence aux Habitans, d'exiger la main-morte de qui que ce soit. Les autres roulent sur les droits des étrangers, sur la maniere de juger les différens survenus entre la Justice & la commune, ainsi qu'entre les Bourgeois & les Marchands forains, parmi lesquels on met la police : sur la liberté de se marier à qui l'on veut sans l'attache du Seigneur, on fixe les droits à percevoir & à payer. Si le Seigneur étoit prisonnier, on lui donnoit 20 livres, autant lorsqu'il faisoit son fils Militaire, ou marioit sa fille (*Ducange*, *manus.*). Dans le siécle suivant, Hugues, Comte de S. Pol, fit de nouveaux Réglemens pour ses vassaux.

L'Hôtel-de-Ville est composé d'un Maire en titre d'Office, d'un Lieutenant de Maire, deux Echevins, un Affesseur en titre d'Office, deux autres Affesseurs, un Procureur du Roi en titre d'Office, un Substitut, un Receveur en titre d'Office, un Commis à la Recette, un Greffier en titre d'Office, & un Greffier ordinaire. Ces Magistrats connoissent des matieres

de Police dans les Ville, Fauxbourgs &
Banlieue ; des fcellés, des inventaires ;
ils ont le pouvoir de donner les faifines
& inveftitures des nouvelles poffeffions,
pour ce qui ne réleve point du Prieuré.
Les Audiences fe tiennent les Lundis
à dix heures du matin , & le lendemain dans le cas de Fête ou de Foire.
Deux Sergens & Tambours portent la
livrée de la Ville, qui a pour Ecuffon
trois barres d'or en champ de gueule.
Les Habitans au nombre de 1310, font
des Bailliage & Election de Péronne.

Pour le fervice du Roi, il y a un
Capitaine des Ville, Château & Marquifât. Le premier Châtelain connu,
fut *Jean*, Sire *de Boufincourt*, Chevalier, en 1362. *Jacques*, Sire *de Buiffu
& de Willecourt* , Chevalier, 1386.
Vautier de Valenglar , 1420. *Lioncel
d'Aveluy*, établi Capitaine par Raoul
de Coucy, Evêque de Noyon, Seigneur d'Encre, 1424. *Regnault le Bel*,
Lieutenant général du Gouverneur,
étoit Garde de la Juftice & Châtellenie, en 1449 ; & *Jean*, Seigneur *de
Montonviller*, paroît comme Gouverneur, en 1443 & 1489, dans le *Cart.
des Céleftins d'Am.*

La Juftice du Marquifât reffortit nuement au Parlement de Paris pour le Criminel, & pour le Civil au Bailliage de Péronne. Les cas Préfidiaux font portés à Laon. Ainfi que les Juges Royaux, les Officiers exercent le droit d'appofer les fcellés fur les biens des Nobles & Eccléfiaftiques. Ces Officiers à la nomination du Duc de Chartres, font un Bailli, un Lieutenant, un Procureur Fifcal, un Greffier & un Receveur du Marquifât. Les Audiences fe donnent les Lundis à dix heures, & le lendemain en cas de Fête ou de Foire. Le Marquifât comprend Albert, Bray, Miraumont, la Neuville, Meaulte, Fricourt, la Boiffelle, Bouzincourt, Hamel, Beaumont, Irles, Pies, Grancourt.

Le Grenier à Sel, dont cinquantefix Paroiffes dépendent, confifte en un Préfident, un Grenetier, un Contrôleur, un Procureur du Roi, un Greffier, un Commis-Greffier, un Receveur des Gabelles, un Procureur de la Ferme, un Huiffier audiencier. On tient Audience les Mercredis & Vendredis à onze heures.

La Subdélégation confifte en un Sub-

délégué, un Greffier, un Maréchal-des-
Logis & trois Cavaliers de Maré-
chauſſée.

Il y a pour les Finances du Roi, un
Contrôleur des actes des Notaires,
Diſtributeur du Papier timbré, un En-
trepoſeur de Tabac, dont l'Entrepôt
ſe fournit à Abbeville, un Receveur
& un Contrôleur des Traites, un
Receveur du Département des Aides
& Gabelles, un Contrôleur & un
Buraliſte des Aides & droits y joints,
& un Directeur de la Poſte.

Le ſetier au bled contient un ſetier
trois piquets & un quart de piquet,
de ſorte que les douze ſetiers qui
font le muid, reviennent à vingt-un
trois piquets. Le ſetier aux mars a un
ſetier & demi & demi-piquet, de fa-
çon que les douze ſetiers qui font le
muid, reviennent à dix-neuf & demi,
meſure d'Amiens. Le poids de la livre
eſt de quatorze onces.

Les Foires au bled ſe tiennent le 24
Février, le 25 Juin, le 28 Octobre.
Les Bannis ont la faculté de rentrer
pendant vingt-quatre heures. Il y a
marché franc le ſecond Mercredi de
chaque mois, pour la vente des beſ-

tiaux , & Marché ordinaire tous les Samedis.

Le 11 Octobre 1451 , la Ville fut presque entiérement confumée par les flammes. Les Impériaux s'en emparerent en 1523. Les Bourguignons y mirent le feu le 26 Août 1553 , & le lendemain de Pâques de l'année 1637, les Efpagnols ne s'en éloignerent qu'après l'avoir ruiné. De trois cens maifons qui exiftoient, un nouvel incendie furvenu le 17 Août 1760 , par accident, n'en laiffa qu'une voifine du Château. La récolte , les meubles & les effets rapportés de Corbie où les Habitans les avoient mis en dépôt , tout fut confumé en moins de deux heures.

Une Compagnie d'Archers en uniforme , avec Drapeau , Sergent , & Tambours, accompagne le Corps de Ville les jours de cérémonie.

Il part un Poftillon pour Corbie & Villes au-delà , les Dimanches, Mardis & Jeudis, à fept heures du matin ; pour Bapaume , les Lundis, Mercredis & Vendredis à fix heures du matin. Il revient le même jour.

Un Meffager part les Lundis pour

A vj

Amiens, & revient le lendemain. Tous les Dimanches, il arrive d'Amiens un charriot de Rouen, qui le lendemain part pour Cambrai, d'où il revient le Mercredi en Eté, & repart le Jeudi pour Amiens par Corbie. En Hyver, il arrive le Jeudi à midi, & repart le même jour.

On a établi depuis peu un moulin à papier, & une Blanchifferie de Toiles, à laquelle les eaux paroiffent très-propres.

Le Prieuré fimple dédié aux Saints Gervais & Prothais, étoit originairement une Eglife déffervie par des Chanoines, fous le titre de S. Chriftophe, Patron de la Ville, & l'Evêque Ingelran confirma leurs poffeffions l'an 1118 (*Hift. Sancti Martini à Campis.*). Son Succeffeur Guarin crut devoir fupprimer ce chapitre, & après avoir retiré l'Eglife en 1138, des mains de Hugues-Camps-d'Avefne, pere d'Anfelme, repentant de l'avoir long-temps retenue contre les Canons, il foufcrivit à la fondation du Prieuré qu'il donna la même année, ainfi que le Patronage à l'Abbaye de S. Martin-des-Champs de Paris. Cette conceffion fut agréée en 1154 par Anfelme-Camp-d'Avefne & par l'Evêque Thierry, qui défendit aux Chanoines de remplacer leurs confreres décédés. Hugues, Comte de S. Pol, & Jolinde, fa femme, y établirent dix Moines vers 1201 (*Acta. SS. Ordin. Sancti Bened.*). Ce Prieuré qui dépendoit de l'Abbaye de S. Ricquier, appartient aujourd'hui à l'Abbaye de S. Lucien de Beauvais. Les Offices de la maifon font la Tréforerie, la Sacriftie, la Prévôté; la Juftice temporelle a un Bailli, un Procureur Fifcal, un Greffier & un Sergent. Le pere Bizot, dernier Prieur régulier & Moine de Cluny, Orateur célebre, précha l'Avent & le Carême à Paris, l'an 1643, dans l'Eglife de S. André des Arts.

La Paroiffe, fous le vocable de SS. Gervais & Prothais, a pour Patron & Décimateur le Prieur du lieu. La Fabrique a 700 liv. Le premier Novembre 1732, l'Evêque Pierre Sabbatier, érigea la Confrairie de la Vierge, & donna aux confreres la figure dite Notre-Dame des Brebieres, parce que les Bergers la révéroient beaucoup dans une Chapelle, fife à la Campagne, &

démolie par ordre du Roi. La Chapelle de la Charité de S. Nicolas, dite du Tabellion, a l'Evêque pour Patron. Elle est chargée d'une Messe par semaine. Celle de S. Sébastien, dite de la Sacristie, ne produit rien, quoiqu'elle soit titrée. Celle de S. Barthémi, dans le Cimetiere, fut fondée l'an 1325, par l'Echevinage, du consentement de l'Evêque Simon. Le Corps de Ville présenta Pierre Ravelin, natif d'Encre. La Comtesse de S. Pol agréa la fondation faite pour le repos de l'ame de Guy de Châtillon, Comte de S. Pol & de ses Successeurs, ainsi que de Jean Bakel & Marion sa femme, qui ont contribué de 100 liv. Parisis. Le titulaire nommé par l'Evêque, est chargé de trois Messes par semaine.

Dans le Château sont la Chapelle de Sainte Marguerite, dite la grande Castrale, chargée de trois Messes par Semaine ; le Seigneur a le patronage. Une seconde, sous le même vocable, chargée d'une Messe par semaine, a le même Patron, alternatif avec l'Evêque. Celle de Notre-Dame, a la même charge, & l'Evêque y nomme alternativement avec le Seigneur. Cette collation & préfentation fut accordée l'an 1215 par l'Evêque Evrard, à Gautier de Châtillon, Comte de S. Pol, & l'Evêque Jean le reconnoît en Mars 1351 (*Cartul. d'Encre.*).

L'Hôpital de S. Jean, auquel on a réuni les revenus de la Chapelle de la Madeleine, eft fervi par quatre Sœurs de la Charité, chargées de l'inftruction des jeunes filles & pour les Malades d'Albert, ainfi que de Miraulmont, & adminiftré par l'Echevinage. La Maladrerie eft réunie à l'Ordre de S. Lazare.

Dans les environs de la Ville font deux Fiefs confiftans en vingt-huit journaux environ, francs de tous droits. *Boulan*, dans le Fauxbourg, contient dix journaux, mefure de Péronne. Ce lieu du Bailliage & Election de Péronne, a pour Seigneur M. d'Ocoche, & releve de fa terre.

La Forêt d'Arouaife, *Arida Gamantia Silva*, du nom de l'Abbaye, commençoit à Encre, & s'étendoit jufqu'à la Sambre. Elle alloit diagonallement joindre les Ardennes (*Bollandus*, *t. 1*, *p. 831.*).

CHAPITRE II.

Du Doyenné.

CE Doyenné eſt ancien, Jean paroît en qualité de Doyen, l'an 1158, & Gautier en 1227.

Auchonviller, dit *Auconviller* en 1186, & *Ochonviller* le ſiécle ſuivant, eſt mouvant d'Aveluis. Il contient trois cens quarante Habitans, du Bailliage & Election de Péronne. L'Egliſe dédiée à S. Vincent, Martyr, avoit pour Patron l'Abbé de S. Remi de Reims ou d'Eaucourt en Artois, c'eſt aujourd'hui l'Abbé de Corbie qui préſente à l'Evêque d'Amiens. L'an 1281, Gerard de Noyelle, Ecolâtre, acheta les dîmes d'un Clerc nommé Ingelran *de Tributo*, conjointement avec les Curés & Chapitre de S. Firmin le Confeſſeur, pour les pauvres Clercs de S. Nicolas, avec l'agrément de Guy, Comte de S. Pol (*Cart. de S. Firmin.*). Ce Chapitre & le Collége, qui ont la part acquiſe par l'Ecolâtre, diment par moitié, & donnent le tiers au Curé pour la portion congrue. La Fabrique a 150 liv. Les titres renfeignent le *Bois Hebus* & le *Foffé Herbien* dans les environs.

Le Fief de Royan, fitué fur le terroir, relevant du Seigneur & de la Châtellenie d'Encre, confifte en foixante-cinq journaux de terres à la fole, en une maifon & ferme qui en contient cinq ou fix.

Aveluis, des Bailliage & Election de Péronne, releve du Château d'Encre. Il contient deux cens deux Habitans. L'Eglife dédiée à S. Faire ou Fare, a le Prieur d'Albert pour Patron & Décimateur. La Fabrique a 120 liv. Le Fief d'Ocoche a fept terres dans fa mouvance. On y file du lin.

Authuille, *Autoilum*, *Altoilum*, a cent foixante-dix Habitans, fous les Bailliage & Election de Péronne. Il eft fitué fur la riviere de Miraumont. M. d'Albert a la Seigneurie mouvante d'Albert & de Bouchavanes. L'Eglife eft dédiée à S. Furfy, qui, fuivant Jacques de Maï, Auteur de fa vie, paffant par ce lieu, dans le feptieme fiécle, fut volé par un brigand, qui, peu après, devint poffédé. Le Saint fachant par révélation cet horrible évé-

nement, revint fur fes pas, le guérit, & le retira des ténébres de l'idolâtrie. Le Patronage de l'Eglife eft au perfonnat de Villiers-le-Vert. Le Curé a un tiers de dîme, le Seigneur le refte inféodé. Ce Pafteur dîme feul au fecours *de Beaucourt*, ou *Boccourt*, dédié à S. Pierre, & il y bine & réfide. La fabrique à 120 liv.

Baillefcourt. L'Eglife dédiée à Saint Denis, n'a point de Fonts Baptifmaux, ni de Tabernacle pour le S. Sacrement. La nommée Elifabeth qui avoit eu la terre en Fief & le Patronage par fon mariage avec Ibert, remit l'Autel, l'an 1147, à l'Evêque Thierry, qui le donna à l'Abbaye de S. Acheul. Le Curé a deux tiers de dîmes; l'autre eft inféodé. La Chapelle de S. Denis n'eft point titrée. La ferme de Baillefcourt en Artois, Gouvernance d'Arras, a pour Seigneur M. de Buquoy, & releve de ce lieu.

Bazentin le grand, *Bazentinus*, du Bailliage & Election de Péronne, releve de Corbie & du Château d'Encre. M. de Carnoy en eft Seigneur, ainfi que de *Bazentin le petit*, qui a les mêmes refforts, & releve d'Albert. Ces deux endroits contiennent deux cens trente

Habitans, qui filent du lin. Les deux Eglifes, dont celle du petit eft fuccurfale de l'autre, font dédiées à Notre-Dame. L'Abbé de Corbie préfente le Curé à l'Evêque.

Beaumont, Belmont, Bellus Mons, Mons Speciofus, contient avec le fecours, quatre cens quatre-vingt Habitans, fous les Bailliage & Election de Péronne. On y file du lin. L'Eglife dédiée à Notre-Dame, a pour Patron le Prieur d'Albert. L'an 1227, Gautier, Doyen d'Encre, acheta deux gerbes de dîmes fur *Hamel,* de Pierre de Tiebval & de Sarra, fon époufe; il en fit préfent à la Collégiale de Fouilloy, pour la fondation d'une Prébende, avec l'agrément de l'Evêque Geoffroy (*Regifl. du Chap.*). Ce Chapitre poffede en outre les deux tiers des dîmes fur la Paroiffe par donation de l'Evêque Arnould, dans le treizieme fiécle, pour la fondation d'une autre Prébende, & le Prieur fufdit, perçoit les deux tiers dans le fecours de Hamel, où le Curé bine & leve le refte. La Fabrique a cent cinquante liv. Le Duc de Penthievre a la Seigneurie. Le *Fief de la Haye,* confifte en une maifon Seigneuriale avec ses dépendances , trois journaux de prés en fief , neuf & demi en roture , & cent livres , tant en terres qu'héritages , mouvans dudit fief. *Hamel* est tenu en fief du Château d'Encre.

Beccordel, mouvant de Fricourt, du Bailliage & Election de Péronne , a cent vingt Habitans, & M. Ducroquet pour Seigneur. L'Eglise dédiée à S. Vast est du Patronage du Prieur d'Albert , qui perçoit les dîmes. La Fabrique jouit de 100 liv. *Becourt-au-Bois ,* situé sur la Paroisse, & mouvant d'Albert, consiste en une maison Seigneuriale, cent quarante journaux de terre, soixante-six environ de bois, avec un moulin : en trois fiefs mouvans de la terre, & autres droits & aisances.

Bouzaincourt , Bouzencourt , Bozencort en 1300, temps auquel le nommé Raoul étoit Maire, a pour ressorts les Bailliage & Election d'Amiens , & la Prévôté de Fouilloy. Ce lieu qui contient quatre cens dix Habitans, releve en Pairie du Château d'Encre. Le Duc de Penthievre a la Seigneurie. L'Abbaye de Corbie en a une partie. L'Eglise dédiée à S. Honoré , est du Patronage du Prieur d'Albert, qui perçoit les deux tiers des dîmes ; le Curé a l'autre. La Fabrique jouit de 200 liv.

Bray-sur-Somme , Braye , Braya , Brayum. Ce dernier mot est un terme de la basse Latinité, & *Bray*, un terme Gaulois qui signifie marécage, lieu fangeux. Cette Ville est située au pied d'une montagne, entre Péronne & Corbie , à huit lieues d'Amiens, & trente de Paris. Elle existoit du temps de Jules-Céfar , & Strabon en parle comme d'un Lieu considérable. Raoul, Comte d'Amiens en étoit Seigneur l'an 1150. Gauthier , Châtelain de Ponthieu, la vendit au Roi Philippe-Auguste en Mai 1210, époque à laquelle il est parlé de la commune (*Invent. de Louis XI.*). Par le compte de Geoffroy de Milly , Bailli d'Amiens , on voit qu'en 1231 , c'étoit une Prévôté du Bailliage , & une Châtellenie. Aujourd'hui les Habitans, au nombre de mille neuf cens dix, font du ressort des Bailliage & Election de Péronne. Le Duc de Penthievre a la Seigneurie.

Le Tournoy qui se donna entre cette Ville & celle de Corbie , l'an 1205, eût pour objet de terminer les différens survenus entre les Seigneurs du Royaume, dont les principaux s'y trouverent (*Sauvage, Chron. de Flandres.*). Le Comte de Champagne donna cette fête, & sa Cour l'y suivit. Foulques, Curé de Neuilly y vint prêcher la Croisade aux Princes qui se croiserent presque tous. Philippe de France, dit Hurepel, ou le rude, Comte de Hollande, y fut suffoqué. (*Anselme, Grands Offi.*).

A raison de cette Ville, le Roi est tenu de payer annuellement un cierge du poids de 50 liv. à l'Eglise d'Amiens. Ses gens, vu la cherté de la cire, offroient cent sols; mais Sa Majesté ordonna de payer en cire (*Reg. du Parlem.* 1269.).

Après la bataille de Crecy, en 1345, Philippe de Valois se réfugia ici. Les Anglois, sous les ordres du Duc de Lancastre, assaillirent la place en 1359; mais vers la Toussaints, ils furent vigoureusement repoussés avec perte par le Comte de Saint Pol & le Seigneur de Lamerval qui s'y étoient jettés (*Chron. de Fland.*). Le Comte de Charolois y séjourna depuis le 3 Juin 1465, jusqu'au 6, jour auquel il passa la Somme, pour se réunir aux Princes ligués avec lui. Louis XI honora ce lieu de sa présence le 10 Mai 1472.

Les ennemis l'enleverent de nouveau
peu après , & les Habitans fe foumi-
rent au Roi en 1475. Hector de Bour-
bon , Vicomte de l'Avedan eut la garde
de la Ville où Antoine de Créquy,
Seigneur de Pont Dormy , s'étoit jetté
avec feize cens hommes , mais comme
les murs ne valoient rien , & que d'ailleurs la place eft commandée par trois
montagnes , le Duc de Suffolk l'em-
porta d'affaut , & la brûla en 1522.
(*Anfelme.*) Henri , Comte de Naffau
& Adrien de Croï , s'en emparerent
pour l'Empereur en 1536, & le Comte
de Rœux l'an 1542. Les Efpagnols , le
25 Février 1595. Les Bourguignons
conduits par le Prince Thomas de Sa-
voie , s'en rendirent maîtres le 4 Août
1636, y mirent le feu , & ravagerent
le plat pays.

Le nommé *Pierre* figne comme Châtelain en 1174. *Jean de Montonviller*
prend le titre de Gouverneur en 1489.
Alexis-Jean du Châtelet , Marquis du
Châtelet , Seigneur de la Ferté S. Ricquier & autres lieux , Grand Voyer de
Picardie , l'étoit en 1745.

L'Echevinage eft compofé d'un Maire , deux Echevins , deux Affeffeurs,

un Tréſorier-Receveur en titre d'Office, un Secrétaire-Greffier en titre d'Office. A l'exception du Tréſorier & du Greffier, les autres Officiers ſont nommés par Arrêt du Conſeil, ſur la repréſentation de l'Intendant de la Province. Ce Corps étoit Juge Civil & Criminel dans la Ville & la Banlieue. La Ville porte de gueules à la face d'azur, chargées de trois Fleurs-de-Lys d'or.

Les Fermes du Roi ont un Receveur des Traites, un Contrôleur, un Viſiteur, un Capitaine général des Fermes, un Receveur des Aides, un Receveur du Vingtieme.

Pendant la Foire Franche du 18 Octobre, les bannis & exilés ſont les maîtres de rentrer. Il y a Marché les Mardis & Samedis pour la vente du bled.

Le ſetier au bled contient un ſetier & demi tiers de picquet meſure d'Amiens; en ſorte que les douze boiſſeaux font un ſetier, & les quatre, ſetier & demi.

Par titres de 1319 & 1367, le Seigneur a droit de mettre des Cygnes ſur la Somme, de les y faire *anichier* près de cette Place, & on doit l'avertir lorſqu'on en fait la chaſſe.

Le

Le 14 Août 1347, Jean, Seigneur
de Maigneiers, dit Triſtan, Grand Bou-
tillier & Echanſon de France, époux
de Jeanne de Bruyeres, vendit à Guy
de Neſle, Seigneur de Mello, les biens
qu'il poſſédoit lui & ſa femme en cette
Ville, & à l'endroit dit *le vieil Amiens,*
vetus Ambianum, près de Bray, tenus
en foi & hommage des Hoirs du Chevalier Gilles de Boiſincourt (*Anſelme*).
Le Bois Bulin, dans le voiſinage, contient environ trente-quatre journaux.

Il n'y a aucun commerce dans Bray.
Chacun s'occupe uniquement de la
culture de la terre, & la pouſſe au plus
haut degré par ſon économie & ſon
exactitude.

La Paroiſſe dédiée à S. Nicolas, a
pour Patron l'Abbé de S. Ricquier,
qui a deux gerbes de dîmes ſur neuf;
celui de Corbie ſix, & le Curé qui doit
être gradué, une. La fabrique a 600 liv.
La Chapelle de Notre-Dame, du Patronage de l'Evêque, eſt chargée de
trois Meſſes par an; celle de S. Pierre
a le même Patron & pareilles charges;
celle de S. Nicolas ne rend rien; celle
du Cimetiere eſt chargée d'une Meſſe
par ſemaine, & l'Evêque y nomme.

B

Trois Filles de la Charité, de l'Institution de S. Vincent de Paule, desservent l'Hôpital régi par des Administrateurs, à la nomination de M. le Duc de Chartres, Seigneur Châtelain du lieu. Il y a huit lits, moitié pour hommes, moitié pour femmes. Les biens des Religieuses Annonciades ont été donnés à l'Ordre de S. Lazare, & il ne reste de la Maladrerie qu'une Chapelle déserte.

Buires, *Buriacum*, du Bailliage d'Amiens, de la Prévôté de Fouilloy & de l'Election de Doullens, contient deux cens soixante Habitans. L'Eglise dédiée à S. Hilaire a l'Evêque pour Patron. Le Curé perçoit les dîmes, à une portion desquelles le Chapitre de Fouilloy & l'Hôtel-Dieu d'Amiens avoient des droits en 1203. La Fabrique a 100 liv.

Contalmaison, du Bailliage & Election de Péronne, contient cent cinquante Habitans, dont M. de Bray est Seigneur. S. Léger est le Patron de l'Eglise, à laquelle l'Evêque nomme. Les Décimateurs sont trois Chapelains de la Cathédrale, pour une gerbe chacun ; l'Hôtel-Dieu d'Amiens, celui d'Encre, & le Curé, chacun pour autant. La Fabrique a 150 liv. *Sébaſtien de Hangeſt*, époux *d'Anne de Mouſquet*, poſſédoit cette terre en 1583 (*Cart. de l'Hôtel-Dieu d'Am.*).

Le 11 Février 1211, Gerard, Seigneur de Fricourt, donna à Nicolas, Prêtre de Contalmaiſon, deux parts de dîmes *de Serancourt*, avec l'agrément d'Arnould le Lievre qui les tenoit de lui en fief, & cet Eccléſiaſtique en fit préſent à l'Hôtel-Dieu d'Amiens, le 13 Mai 1213. Cette maiſon a auſſi les deux tiers des dîmes au *Fief Boulan*.

Dernancourt, ſur la riviere de Miraumont, Bailliage & Election de Péronne, a trois cens cinquante Habitans. La Seigneurie appartient à la maiſon de Berry-d'Eſſertaux. L'Egliſe dédiée à S. Léger eſt à la collation de l'Evêque; le Curé perçoit cinq gerbes de neuf, & l'Hôtel-Dieu de Corbie le reſte. La Fabrique a 400 liv.

Englebelmer, du Bailliage & Election de Péronne, a deux cens ſoixante Habitans. Cette terre tenue de Heilly, vint à la Seigneurie d'Encre par confiſcation ſur Mauvoiſin de Miraumont, exécuté pour ſes démérites, & dont la veuve mourut en 1398 (*Cart. d'Encre*).

B ij

L'Eglife, fous le vocable de S. Martin, a le Prieur d'Albert pour Patron & Décimateur. La Fabrique a 150 liv. le Curé bine au fecours *de Witermont*, Hameau dont l'Eglife eft dédiée à Notre-Dame, & dont la terre ayant toute Juftice, confifte en vingt-trois journaux de bois, vingt-neuf de terres labourables, quatre de prés, avec un fief de foixante journaux fur le terroir d'Englebelmer, relevant de Witermont. Ce lieu, fous les mêmes reforts, a M. de Valicourt pour Seigneur.

Eftinchen, tenu en Pairie, l'an 1350, de Jacques de S. Pol, Seigneur d'Encre, eft en partie de l'Election de Doullens & partie de celle de Péronne. Il contient treize cens trente Habitans, Vaffaux de M. de Florfaque. L'Abbaye de Corbie a la Seigneurie fonciere. L'Eglife fous le vocable de S. Pierre eft à la nomination de l'Evêque. L'Abbé de Corbie a deux gerbes de dîmes ; le Curé autant, & le Seigneur Homme-Lige de l'Abbaye, autant. La Fabrique n'a que 150 liv.

Forceville, Forcheville, en 1186, *Forcevilla, Fortiacavilla*, tenu en fief d'Encre, & des Bailliage & Election de Péronne, contient deux cens Habitans, dont M. de Creques eſt Seigneur. Le Bailli d'Amiens fit détruire en 1377, le Château occupé par le Sire de Grantſy (*Cartul. du Chap. d'Am.*). L'Abbé de Clairſay eſt Patron de l'Egliſe dédiée à S. Vaſt, & dîme pour un quart; celui de Corbie pour la moitié, & le Seigneur jouit d'un quart inféodé. La Chapelle Caſtrale de Sainte Cathérine, dite de Belval, du Patronage du Seigneur, eſt chargée de deux Meſſes par ſemaine.

Fricourt, *Friucourt*, ou *Friencourt*, *Fraudaharius* dans les titres anciens, eſt tenu du Roi à cauſe du Château de Doullens & d'Encre, ſuivant le Cartulaire. Il contient quatre cens vingt Habitans, ſous les Bailliage & Election de Péronne. Le Duc d'Orléans a la Seigneurie. L'Evêque eſt Patron de l'Egliſe dédiée à S. Jean-Baptiſte. Deux Chapelains du Château d'Albert, ont quatre gerbes de neuf, & le Curé le reſte. La Fabrique a 150 liv. La Chapelle de S. Quentin dans le Cimetiere, étoit l'ancienne Paroiſſe : il s'y opéra pluſieurs miracles, & l'on y vient en-

core en pélerinage. L'Evêque nomme
le titulaire chargé de trois Messes par
an (*La Fons , Histoire de Saint-*
Quentin.).

Grandcourt , Grandicurtis , sur la riviere de Miraumont, est du Bailliage
& de l'Election de Péronne. Il contient
cent soixante Habitans. Le Duc de
Penthievre a la Seigneurie , & M. de
Monchaux en possede une partie. L'E-
glise , sous le vocable de S. Remi, a pour
Patron l'Abbé d'Eaucourt en Artois,
qui présente à l'Evêque. Cet Abbé dîme
cinq gerbes sur six , & la derniere est
inféodée. La Fabrique a 250 livres. Le
Curé est Régulier. *Chivicourt* est en Artois, & ce qui dépend de cette Province , est en franchise.

Lealviller , du Bailliage d'Amiens &
de l'Election de Doullens , contient
deux cens quatre-vingt-dix Habitans ,
qui ont pour Seigneurs le Chapelain de
Fiefses & M. d'Amiens. Vingt fermes
furent brûlées par accident le 24 Dé-
cembre 1772 L'Abbé de Clairfay ,
Patron de l'Eglise dédiée à S. Pierre,
a abandonné les dîmes au Curé qui
bine & réside à *Varennes ,* (*Varennæ*)
dédiée à Notre-Dame. La Fabrique a
peu de revenu.

Mamet, *Mammetum*, des Bailliage & Election de Péronne, & mouvant du Château d'Encre, a M. Jourdain pour Seigneur, & renferme quatre cens Habitans. On y voit un Château, & la ferme confifte en quatre-vingt journaux de terre à la fole, avec un champart. Le Prieur de Capy, Perfonnat du lieu, nomme à la Cure de cette Eglife, dédiée à S. Martin, & dîme avec le Curé qui perçoit un tiers. La Fabrique a 150 liv. La Chapelle du Cimetiere du Patronage de l'Evêque, ou du Prieur de Capy, fuivant la Bibliotheque de Cluny, ne produit plus rien. Le Perfonnat rend 40 liv.

Meaulte, ou *Miaute*, du Bailliage & de l'Election de Péronne, contient quatre cens quatre-vingt-dix Habitans, & releve en Fief du Château d'Encre.

La terre & Seigneurie *de Condeville* & *Meaulte* en partie, confifte en cent quatre-vingt-fix journaux de terres labourables, avec Haute, Moyenne & Baffe Juftice, mouvances féodales & cenfives. Le Duc de Penthievre a la Seigneurie de Meaulte. L'Eglife dédiée à S. Léger, dépend de l'Evêque, Perfonnat du lieu, lequel perçoit cinq

B iv

gerbes de bled , & la ſixieme eſt inféodée. Le Chapitre d'Amiens acheta,
l'an 1279, de Hugues de Sapegnies,
Seigneur de Mehaulte en partie , ce
qu'il y poſſédoit, tant en terre qu'en
dîme. La Fabrique a 200 liv. Le Perſonnat rapporte 260 liv. La Chapelle
eſt du Patronage de l'Evêque.

Meſnil (le) *Martinſart Manſile* ,
contient quatre cens vingt-cinq Habitans, des Bailliage & Election de Péronne. La terre conſiſte en un Château bâti depuis peu , ſoixante journaux de bois , cent ſoixante-cinq de
terres labourables, champart, moulin
& toute Juſtice. M. de Valicourt en eſt
Seigneur.

Le Fief du Marché Dézaleux , ſis à
Martinſart, conſiſte en quatre-vingt-
trois journaux de terre , environ, dont
quarante-quatre ſont de nature féodale,
& le reſte en roture. *Martinſart* releve
du Château d'Encre , comme l'a reconnu Gilles de Mailly , Chevalier ,
en 1350 (*Cart. d'Encre.*).

L'Egliſe dédiée à S. Nicolas a le
Prieur d'Albert pour Patron & Décimateur. Le Curé bine à *Martinſart* dédié à S. Gilles. Les deux Fabriques ont

enfemble 350 liv. de revenu. Ces lieux étoient de la Comté de Corbie. Martinfart a les mêmes refforts. M. Haudoir & autres partagent la Seigneurie.

Millancourt, des Bailliage & Election de Péronne, contient quatre cens Habitans, dont M. de Lamet eft Seigneur. Près de ce Village eft la *Vallée de Berfaque*, *Vallis Berfacca* où étoit une ferme. Le Fief de Sacquefpée, confifte en cinquante journaux de terres. L'Eglife eft dédiée à S. Firmin, Martyr : le Prieur d'Albert, autrefois Patron & Décimateur, eft remplacé par l'Abbé de Corbie, qui préfente à l'Evêque. La Fabrique a 160 livres.

Montauban, *Montaubin*, *Mons Albanus*, des Bailliage & Election de Péronne, a quatre cens douze Habitans, dont M. de Canify eft Seigneur. L'Eglife eft dédiée à S. Gilles. L'Abbé de S. Remi de Reims, préfente à l'Evêque à la place de l'Abbé d'Eaucourt. Cette Abbaye a quatre gerbes de dîmes, groffes & menues, le Curé deux, le Prieur de Capy & l'Abbaye fufdite ont chacun deux gerbes à *Carnoy*, dédié à S. Vaft, où le Curé bine. La Fabrique n'a gueres que 100 liv. *Car-*

B v

noy, mouvant de Bray a les mêmes reſſorts. M. Guilbon en eſt Seigneur.

Morlancourt, *Morlincourt*, *Morlincurtis*, des Bailliage & Election de Péronne, releve du Château d'Encre en Pairie, & contient neuf cens Habitans. M. du Sauſſay a la Seigneurie. L'Egliſe dédiée à Sainte Marie-Madelaine, eſt du Patronage du Chapitre d'Amiens, qui a les deux tiers des dîmes par acquiſition faite en 1174 de Raoul de Attinchen, avec l'agrément du Châtelain de Bray. Le Chapelain de Morlancourt a le reſte. La Fabrique a 200 liv. de rente. La Chapelle de S. Nicolas, chargée de deux Meſſes par mois, a le même Patron. La Caſtrale n'eſt point titrée.

Oviller, *Auviller*, *Ovillaris*, a cent quatre-vingt Habitans, ſous les Bailliage & Election de Péronne. M. d'Albert, Seigneur du Fief des ſept hommages, a une partie d'Oviller. Les autres Seigneurs ſont les Religieuſes de Corbie, & M. de Sachy de S. Aurin. L'Egliſe dédiée à Saint Vincent, a le Prieur d'Albert pour Patron & Décimateur. Le Curé bine au ſecours de *la Boiſſele*, ſous le vocable de S. Pierre. Le Fief de la *Tulotte*, de trente-trois journaux de terres labourables, est tenu du Roi.

Poziere, des Bailliage & Election de Péronne, a trois cens vingt Habitans. La terre est tenue du Château d'Encre. Le Marquis de Sailly en est Seigneur. L'Abbesse d'Avesnes-lès-Arras est Patronne de l'Eglise, dédiée à Notre-Dame. L'Abbaye de S. Remi de Reims dime avec le Curé. La Fabrique a 200 liv. de rente.

Sailly au Bois, dit *le Vert*, ou *Lauret*, *Salliacum*, *Sallerium Viride*, contient sous les Bailliage d'Amiens & Election de Doullens, trois cens cinquante Habitans. L'Abbaye de Corbie a la Seigneurie. En 1230, elle a donné à Gilles de Mailly la mouture de ses Vassaux de *Collincamp*, sur cette Paroisse. Il y a une espece de port assez commode, il est exempt des droits de rif & de péage. La Somme y est navigable; les Pêcheurs y abordent. On y apporte des environs les plus beaux bleds de la Province, & une partie gagne Amiens par eau pour le besoin de la Marine; l'autre se transporte, dans le cas de guerre, à Péronne, dans le Cambraisis & le Hainaut.

L'Eglife dédiée à S. Quentin, a pour Patron le Chapitre de S. Nicolas d'Amiens, qui dîme avec l'Abbé de Corbie, & le Chapitre de Fouilloy, chacun pour un tiers ; le Curé a la neuvieme gerbe. L'Abbaye acheta fa portion en 1340, de Matthieu, Seigneur de Heilly. Le 22 Février 1079, Enguerran de Boves, affocia l'Abbé de Corbie à la Juftice qu'il avoit à Sailly en qualité de Vicomte (*Cron. Corb.*). La Fabrique n'a que 100 liv.

Robert de Boves reconnoît en Mars 1204, que Gaucher de Châtillon, Comte de S. Pol, & Elifabeth, fon époufe, lui ont donné en Fief & avouerie, tout ce qu'ils y poffédoient, dont il fait hommage, promettant de le défendre contre tous autres que l'Abbé de Corbie. (*Cart. d'Encre.*)

Sailly-le-Sec, ou le petit, *Salliacus Siccus*, des Bailliage & Election de Doullens, a trois cens cinquante Habitans. Il y avoit Mairie en 1300. La Seigneurie appartient à l'Abbaye de Corbie, & à M. de Villevieille. Le 4 Août 1636, les Efpagnols y pafferent la Somme, & brûlerent le Village. Le 14 Juillet 1714, l'Evêque Pierre Sabbatier consacra l'Eglise dédiée à S. Martin. Le Chapitre de S. Nicolas d'Amiens, a le Patronage & un tiers des dîmes, avec des cens & censives sur des tenemens & immeubles. L'Hôtel-Dieu de la même Ville, dîme pour un tiers, & l'Abbaye de Corbie acheta l'autre de Matthieu, Seigneur d'Heilly, l'an 1340. (*Chron. de Corbie.*)

Senlis, Sanlis en 1186, dont la Seigneurie est à la maison de Lameth, a trois cens quatre-vingt Habitans, sous les Bailliage & Election de Doullens. L'Eglise, sous le vocable de S. Martin, a pour Patron le Prieur de Lihons, qui partage un tiers de dîme avec l'Abbé de Corbie, & le Commandeur de Fiefses a les deux autres. Le Curé bine au secours *d'Hedeauville*, dit *Heudoville* en 1186, dont l'Eglise est dédiée à S. Jean-Baptiste. L'Abbé de Corbie a deux tiers des dîmes que lui remit en 1249, Jacques de Beauvoir, Seigneur d'Aveluis. Le Prieur de Lihons perçoit le reste. *Hedeauville*, Bailliage d'Amiens, Prévôté de Beauquêne, Election de Doullens, a pour Seigneur M. de la Chenaye. Le Fief de *Rogmeries* ou *d'Heroquiere*, est situé sur le terroir du Secours , ainſi que la ferme dite *Heranguiere.*

Thiebval , des Bailliage & Election de Péronne , contient cent quatre-vingt Habitans , dont M. Pingré de Fricamps eſt Seigneur. L'Egliſe dédiée à Notre - Dame , a pour Patron & Décimateur , le Prieur - Tréſorier de Lihons. Le Curé bine à *Divion* , dédiée à Saint Pierre. Près de-là eſt un Fief Seigneurial , conſiſtant en Chef-lieu , contenant environ huit journaux , avec toute Juſtice , droit de pêche & de chaſſe. Il y a un Hermitage dans les environs.

La Terre & Seigneurie *de la Motte* , conſiſte en un manoir , avec dépendances , ſept journaux de prés & trente de terre labourable. *Divion* , mouvant d'Albert , n'a qu'une maiſon , dont les reſſorts ſont les mêmes. La Seigneurie eſt à M. d'Aveluy.

Treux , du Bailliage d'Amiens & de l'Election de Doullens , ne contient que quelques fermes , dont la maiſon de Berry-d'Eſſertaux a la Seigneurie. L'Egliſe dédiée à Notre-Dame , a pour Collateur l'Archidiacre d'Amiens, Perſonnat du lieu. Les Caritables & les

Religieuses de Corbie ont chacun deux gerbes de neuf, & le Curé cinq. La Fabrique a 100 liv. La Chapelle de Notre-Dame est à la nomination du Personnat. Le Titulaire est chargé d'une Messe par semaine. Le Personnat rend 60 liv.

Méricourt l'Abbé, *Mericurtis*, secours de la Paroisse, dédié à S. Hilaire, fut donné l'an 987 à l'Abbaye de Corbie, par Gautier, Comte d'Amiens, époux d'Adèle, en indemnité des dommages qu'il lui avoit causés, & pour l'encens & le luminaire de l'Eglise (*Annal. Bened.*). La même Abbaye acheta, en 1273, ce qu'y possédoit Jean, Chevalier, Seigneur de Poulainville, qui en Juillet 1269, avoit reconnu que Guy de Châtillon, Comte de S. Pol, lui avoit donné en fief & Hommage l'Avouerie, la Justice, le sang, le ban, *la merlée*, *l'estrauve*, le rapt, le feu, *le meurdre*, & tout ce qui appartient à Haute-Justice (*Chron. de Corb.*). La Chapelle de S. Hilaire à laquelle le Personnat nomme, est chargée de trois Messes par semaine. Ces lieux contiennent cent trente Habitans, du Bailliage d'Amiens & de l'Election

de Doullens. Les Seigneurs sont l'Abbé
de Corbie, l'Université des Chapelains
d'Amiens, & M. de Gouffier.

Vaux, jadis *Vals, sous Corbie, Vallis*,
du Bailliage d'Amiens & de l'Election
de Doullens, contient cent quatre-
vingt dix Habitans, qui ont pour Seigneur M. de Lancry de Villevielle.
Cette terre a un Château. Engueran
de Boves, associa l'Abbé de Corbie,
en 1079, à la Justice qu'il avoit à
Vaux en qualité de Seigneur. L'an
1755, l'Abbé Jacquin trouva sur le
terroir, des cailloux, dont le dedans
renferme de belles crystallisations, &
dont les dehors sont couverts de stalactite. Il vit dans une carriere de peti-
tes grotes admirablement travaillées &
mamelonnées en dedans : elles laissent
un intervale dans lequel se trouve une
sorte de stalactite crystalline. La carriere renferme encore plusieurs con-
gellations & stalaginites d'une grande
beauté, & deux especes de pierres
d'un grain parfait, propres pour les
ornemens extérieurs des bâtimens, &
même pour la sculpture.

L'Eglise dédiée aux Saints Médard
& Godard, est du Patronage du Cha-

pitre de S. Nicolas d'Amiens, qui a la
fixieme partie des groffes dîmes, deux
tiers des offrandes & oblations. L'Abbé
de Corbie & l'Hôtel-Dieu d'Amiens,
perçoivent chacun deux gerbes, & le
Curé le refte. La Fabrique a vingt-
cinq fetiers de bled. *Fremont*, Hameau
de trente maifons, fous les mêmes refforts, formé depuis un fiécle & demi,
dont le Duc de Chaulnes a la Seigneurie, eft de la Paroiffe, ainfi que le
Fief, Terre & Seigneurie de *Rochefort*.

Viefville (la) *Vetufvillula*, des Bailliage & Election de Péronne en partie,
& en partie des Bailliage & Election de
Doullens, a quatre-vingt-dix Habitans,
dont M. Hochedé eft Seigneur. La
Terre, Fiefs & Seigneurie de *Boca-*
court & la *Viefville* en partie, confifte en
un Chef-lieu de quatre journaux, un
bois de feize à dix-fept, en cent qua-
rante-cinq de terres labourables, cenfives, droits honorifiques & autres ap-
partenans à Haut-Jufticier. *Bocacourt*,
Hameau de dix a douze maifons, eft du
Bailliage d'Amiens, de la Prévôté de
Fouilloy & de l'Election de Doullens.
L'Eglife dédiée à Notre-Dame, a pour
Patron le Perfonnat de Villers-le-Vert,

& le Commandeur de Fiefses, dîme à cause de la Viefville.

Ville-sous-Corbie, *Villa*, Bailliage d'Amiens & Election de Doullens, a deux cens quarante Habitans. La Seigneurie est à l'Abbaye de Corbie & à la maison de Witasse de Vermandouillers. Le Maire étoit homme-lige de l'Abbaye. L'Eglise dédiée à S. Martin, a pour Patron le Personnat de Treux, qui dîme un tiers. L'Hôtel-Dieu de Corbie, a le reste. La Fabrique a 120 liv.

Villers-le-Vert, *Villeris* & *Villaris Viridis*, des Bailliage & Election de Péronne, a l'Abbé de Corbie & le Marquis du Saussay pour Seigneurs. L'Eglise dédiée à S. Martin est du Patronage de l'Evêque, Personnat du lieu. L'Abbaye, perçoit les dîmes. La Fabrique a 450 liv. Le Personnat est de 15 liv.

CHAPITRE III.

Hiſtoire Littéraire.

LE peu de portraits que nous allons tracer, ne ſont pas également frappans. Il en eſt de même de tous les hommes. Ils différent entr'eux par les qualités du cœur, de l'eſprit, & par la diverſité des talens. Si la terre a des mines d'or & d'argent, n'en a-t-elle pas de cuivre ? Parmi les Gens de Lettres, les uns ont pris un vol élevé, parce qu'ils étoient nés pour le grand, pour le ſublime, tandis que les autres s'élevent à peine de terre. Pour ſe faire un nom, il en coûte beaucoup plus que ne croit la multitude. On ne devient ſavant qu'après bien des veilles & un travail aſſidu :

Qui edere vult nucleum, frangat nucem.

Nicolas de Bray pourroit avoir pris, du lieu où il nâquit, ſon nom d'ailleurs très-commun dans le Dioceſe qui nous occupe. Il vivoit dans le treizieme ſiécle. On a de lui un Poëme

en dix-huit cens vers latins, intitulé :
De Geſtis Ludovici VIII. La verſifica-
tion en eſt aſſez bonne, & l'entrée du
Monarque à Reims pour ſon ſacre, eſt
écrite d'un ton noble & d'une maniere
aiſée. L'Auteur a du feu. Cet ouvrage
dédié à Guillaume d'Auvergne, élu
Évêque de Paris en 1228, eſt imprimé
dans la collection des anciens Hiſto-
riens de Pithou, Francfort 1596, &
dans la collection de Ducheſne, tome
5, page 284. Le Poëte ne parle ni de
la mort du Roi, ni de la priſe d'A-
vignon.

Hubert de Bray, que les mêmes con-
jectures nous font adopter, après avoir
été Prieur de S. Jean, au Mont de
Terouane, devint Prévôt d'Affligem.
On conſerve à Ypres ſes écrits ſous ces
titres : *Syntagma Monaſteriorum Ordi-*
nis Sancti Benedicti, Alphabeticâ Serie.
Catalogus principum. Ordinis ejuſdem.
Catalogus Sanctorum ejuſdem Ordinis.
Compendium Moralium Sancti Gregorii.

Jean de Moronval, né à Poſieres, ſe
diſtingua par ſes vertus, dans la Paroiſſe de S. Martin de la Ville d'A-
miens. Il en occupoit la Cure en 1597,
à l'époque de la ſurpriſe de la Ville

par les Espagnols. Quelques tentatives, quelques menaces qu'on lui fit pour l'obliger de recommander au Prône le Roi d'Espagne, il consulta moins ses lumieres & ce qu'il devoit faire, sans qu'on l'exigeât, qu'un zele patriotique mal entendu dans une circonstance pareille, il persista dans son refus. Lui en faisoit-on des reproches, il répondoit avec fermeté : *je ne reconnois que mon Prince.* Une résistance aussi imprudente fut la source de mille mortifications qu'il eût à essuyer. L'orsque Henri le Grand rentra dans la place, il l'attendit à la Porte à la tête de son Clergé, & les marques de sa joie n'échapperent point au Monarque. Ce Pasteur mort le 6 Avril 1601, fut inhumé dans le Cimetiere de S. Denis avec trois *P*, deux & un, qui signifient *Pro Patriâ Pati.*

Jean Noiret. Tout ce qui fait honneur à la Province, mérite de passer également à la postérité. En 1712, pendant la malheureuse guerre pour la succession d'Espagne, *Jean Noiret,* Habitant de la petite Ville de Bray, entre *Péronne* & *Corbie,* tua dans une dispute, un Cavalier de la Garnison.

Pour ſe ſouſtraire à la Juſtice, il ſe
ſauva en Flandres, & alla trouver à
Mons un de ſes compatriotes, qui,
après avoir déſerté des Troupes de
France, étoit devenu par ſa valeur
partiſan chez les ennemis. Un jour
qu'ils ſe promenoient enſemble, le
Partiſan dit à Noiret : *Tiens, mon ami,*
j'ai encore une Fleur-de-Lys dans le
cœur. Si tu veux me croire, tu pourras
ſauver la France, & obtenir ta grace.
En même temps il lui fait un détail
bien circonſtancié de l'état de l'armée
ennemie, & des moyens de profiter
des fautes du général. Noiret ſe préſente au Prince de Tingri dans Va-
lenciennes ; il lui expoſe l'avis du
Partiſan ; le Prince le goûte, & en
informe le Maréchal de Villars. Ce
Grand Capitaine en profita, & battit
les ennemis à *Denain*. *Noiret* & le Partiſan, eurent leur grace. Le dernier
fût même fait Officier. Cette anec-
dote eſt appuyée du témoignage de
M. *de la Berge*, ancien Officier retiré
à Bray, qui ſervoit ſous M. de Villars,
dans Berry, Infanterie. Noiret finit ſes
jours à Bray. On s'y ſouvient encore
de l'avoir ſouvent entendu raconter

lui-même, comment il avoit contribué au falut de la France.

Anonymes. Le premier défigné fous ces lettres M. P., Curé de M., près Albert, répond dans le Journal de Verdun, Avril 1728, à la queftion, s'il eft plus difficile de paffer de l'amitié à l'amour, que de retourner de l'amour à l'amitié. Il opine pour le moins de difficulté.

Dans l'année littéraire, tome 3, 1777, page 349, une lettre du 2 Juillet, écrite à Albert, donna l'interprétation du mot *Piaccularis*, à l'occafion du forfait de Jean Chaftel, que Voltaire attribuoit à la confeffion de ce déteftable régicide.

N........ de Calogne, né à Boulan, fit percer en 1755, la carriere de la maifon qu'il occupoit à Albert, Les Amateurs de l'Hiftoire naturelle, s'y rendirent peu de temps après. On n'y remarqua d'abord que des pétrifications de rofeaux. Ils y virent de la mouffe, des brins de Fougere, des troncs d'Arbres & des feuilles entiérement pétrifiés. Ils ont découvert autour de la même Ville un grand nombre de pétrifications, mais moins cu-

rieufes & moins parfaites , fur lef-
quelles plufieurs Naturaliftes ont fait
des obfervations.

PIECES JUSTIFICATIVES.

CARTA Hugonis & Zelindis de De-
cem Canonicis (potiùs Monachis) inf-
tuendis in Ecclefiâ Sancti Gervafii de
Encrâ. (*1201. Annal. Comitum Sancti
Pauli.*)

CARTA pro Communiâ Villæ de
Brayâ. (*Godefroi , Hift. des Chancel.*)

F I N.

TABLE
DES MATIERES.

F I N.

L'Approbation & le Privilége du
Roi fe trouvent à la fin de l'Hiftoire de
la Ville & du Doyenné de Doullens.